RESPONSABILITÉ

DES

Accidents Industriels

(Loi du 9 Avril 1898)

FORMULAIRE ANNOTÉ

PAR

Paul **LAPORTE**

Juge de Paix du Canton de Saint-Martin-de-Seignanx

BAYONNE

IMPRIMERIE A. LAMAIGNÈRE, RUE JACQUES LAFFITTE, 9

—

1900

Accidents pouvant entraîner la mort ou une incapacité permanente

Il faut d'abord rechercher la **cause.** Ces recherches porteront sur le fait générateur, et on notera toutes les circonstances qui rattachent l'accident au fonctionnement de l'industrie.

La cause étant connue, rechercher si elle constitue une faute de la part d'une ou plusieurs personnes *(patron, contre-maître, un autre ouvrier, un étranger, etc...).*

Faute de la victime. — Elle peut consister dans une négligence, imprudence, inobservation des règlements, non usage d'engin préventif, fait inexcusable, acte intentionnel.

La faute inexcusable est celle que l'ouvrier a commise volontairement, ou qu'il a laissé commettre, sans motifs et qu'aucune considération n'excuse ni ne justifie, sans nécessité ni utilité et en violant les règlements.

L'intention est non seulement la volonté d'accomplir l'acte qui détermine l'accident, mais encore le fait d'en vouloir les conséquences dommageables.

Le suicide, la mutilation volontaire, la malveillance, les explosions, les ruptures d'engins dans un but nuisible, sont des actes intentionnels.

Faute du patron. — Elle consiste dans la mauvaise direction de l'exploitation et dans la défectuosité de l'installation du matériel ; dans l'absence d'appareils protecteurs prescrits par la loi ou les règlements ; dans l'insuffisance de ces engins ou vice dans leur fonctionnement ; dans le défaut d'instructions aux ouvriers pour en faire usage. Dans le fait inexcusable et l'acte intentionnel.

La faute inexcusable peut consister dans un fait volontaire, qui ne peut se justifier et pris en connaissance de cause.

NATURE DE L'ACCIDENT

L'accident est-il, ou non, industriel ? est-il survenu dans le travail, par le fait du travail, et à l'occasion du travail ?

CIRCONSTANCES

1° *De temps :* date et lieu ; 2° *de lieu :* où l'accident s'est-il produit ?

Faute d'un tiers. — Elle doit être recherchée, si l'accident est dû à un vice de fabrication.

SALAIRE

Le salaire peut être en nature, à la journée, à l'heure, à la semaine, au mois, à l'année, à la tâche, avec participation aux bénéfices.

Il comprend la valeur en argent, en fournitures, en logement ou allocation d'autres avantages. Il comprend aussi les étrennes, si celles-ci sont données régulièrement.

Ne peuvent entrer dans le calcul du salaire : 1° *les retenues* pour malfaçon ; 2° le chômage régulier.

CALCUL DU SALAIRE

Rentrent dans le calcul du salaire annuel :

Les interruptions pour causes accidentelles, telles que courtes maladies, blessures ; le service militaire, le temps employé aux grosses réparations des ateliers, incendies, le chômage volontaire de l'usine.

Les travaux supplémentaires ne rentrent dans le calcul du salaire que pour les industries à chômages périodiques.

Salaire de l'ouvrier travaillant depuis moins de 12 mois. — Son salaire s'entend de la rémunération reçue par lui depuis son entrée dans l'exploitation augmenté de la rémunération moyenne qu'ont reçue depuis douze mois des ouvriers de la même catégorie.

Par catégorie, on entend ceux qui, dans l'usine, ont le même emploi et touchent le même salaire.

Ouvrier employé dans l'année dans deux établissements différents. — A droit à la moyenne des salaires touchés, dans l'année, chez ses deux patrons.

Morte-saison. — On doit tenir compte du gain réalisé par l'ouvrier pendant la morte-saison, s'il fait la preuve de l'existence de ce gain et de son importance.

Chômage volontaire de l'usine à fonctionnement non continu. — Le salaire de l'ouvrier sera calculé sur le gain qu'il aura fait à une autre usine, pendant le temps de ce chômage, et sur celui qui lui est attribué au moment de l'accident.

Apprentis. — Ils sont assimilés, au point de vue du salaire, aux ouvriers adultes ordinaires. L'indemnité est calculée sur le salaire que l'apprenti aurait pu gagner son apprentissage fini.

En cas d'incapacité temporaire, le salaire de l'apprenti ne pourra pas être supérieur au montant du salaire au moment de l'accident.

PROCÈS-VERBAL D'ENQUÊTE N° 1

L'an........., le........, à heures du........,
Nous,..........., Juge de Paix du canton d...........,
assisté de Me.............., greffier de cette Justice de
Paix ;

Agissant en vertu de l'article 12 de la loi du 9 avril
1898 ;

Avons procédé, comme suit, à l'enquête prescrite par
l'article de loi précité, à l'occasion de l'accident survenu
le..........., *(date, jour, heure, lieu)*, et dont a été victime........ ..... *(nom, prénoms, âge, profession, domicile)*,
lequel accident paraît devoir entraîner la mort, ou incapacité permanente absolue *(ou partielle)* de travail, ainsi
qu'il appert de la copie de la déclaration faite par le sieur
.... et du certificat médical dressé le.. ....,.
par... ...., à nous transmis le.............., par
M. le Maire de la commune de.......... et parvenue en
nos mains le...........

Sur convocations adressées par lettres recommandées
ont comparu à..........., où nous nous sommes transporté :

1° Le sieur.......... *(patron, représentant, préposé)* ;

2° Le sieur..........., *(ouvrier blessé, son mandataire)*,
et en cas de mort *(un des ayants-droit ou son mandataire)*,
lequel mandataire est pourvu d'une procuration régulière ;

3° Le sieur.. ...., témoin de l'accident ;

4° Le sieur...... ...., autre témoin de l'accident ;

....

Et à l'instant nous avons, en présence des parties (ou
*en présence du sieur.......... et en l'absence de..........,
ouvrier blessé)*, procédé à l'audition des témoins de la ma-
nière suivante, chaque témoin ayant été entendu séparé-
ment et chacun, après avoir prêté serment de dire la
vérité, a déposé comme suit :

PREMIER TÉMOIN. — Je me nomme... ....
Le témoin, après lecture faite, a persisté dans sa déposition et a signé.

(Signature.)

DEUXIÈME TÉMOIN. — Je me nomme.................
Le témoin, etc., etc..........................
Si un témoin est reproché :
Avant la déposition du témoin, le sieur.......... ....
a déclaré le reprocher et s'opposer à son audition.......
....*(motifs)* et il a signé,

Le témoin a déclaré que............... et il a signé.

Et nous, Juge de Paix : attendu qu'aux termes de l'article 284 du Code de Procédure civile, le témoin reproché sera entendu dans sa déposition, avons reçu la déposition du sieur......... .... et nous avons signé avec le greffier. ....

Le dit sieur............... .... a déposé comme suit :

Tous les témoins ayant été entendus, le sieur.......... (*patron, représentant ou préposé*) a déclaré...............

Le sieur............... *(ouvrier, mandataire ou ayant-droit)* a déclaré .... et ils ont signé avec nous et le greffier.

....

Ces dispositions et déclarations recueillies, nous avons procédé, accompagné des comparants, à l'enquête prescrite par la loi afin de rechercher les causes, nature et circonstances de l'accident.

FORMULE Nº 2

Le blessé n'assistant pas à l'enquête

Et attendu que le sieur....... n'a pu assister à l'enquête, disons que nous nous transporterons le.. .... *(date et heure)*, assisté du greffier et sans l'assistance d'un docteur-médecin, le certificat médical produit paraissant suffisant, les suites probables données ne devant pas entraîner la mort.

Voir la fin de la formule nº 5.

FORMULE Nº 3

Requérant l'assistance du Médecin

Et attendu que le sieur....... n'a pu assister à l'enquête, disons que nous nous transporterons le.......... *(date et heure)*, assisté du greffier et de M..............., docteur en médecine, domicilié à.......... .., que nous commettons à cet effet pour nous assister à............, où a été transporté le blessé. Disons qu'avant examen, M......... prêtera en nos mains le serment prescrit par la loi. De tout quoi nous avons dressé procès-verbal que nous avons signé avec le greffier.....................

....

FORMULE N° 4

Commission à délivrer au Médecin commis

Nous............., Juge de Paix du canton de............,
procédant en vertu des dispositions de la loi du 9 avril
1898 sur les accidents dans le travail,
Commettons M..............., docteur en médecine,
demeurant à...............
Pour, après avoir prêté entre nos mains le serment
prescrit par la loi, procéder à la visite du blessé........
..., demeurant à..............., maison......., et faire
les constatations utiles.
Délivré à..........., le...........19...
Le Juge de Paix,
....

FORMULE N° 5

Procès-verbal de transport auprès de l'Ouvrier blessé

L'an..........., le............, Nous, Juge de Paix,
assisté du Greffier, agissant en exécution de l'ordonnance
ci-dessus, nous sommes transporté à..............., où,
arrivant, nous avons trouvé M..............., docteur en
médecine, expert, commis par nous le............., lequel,
avant tout examen du blessé, a prêté en nos mains le serment ci-après : « Je jure de bien et fidèlement remplir les
fonctions d'expert qui m'ont été confiées », et a signé.
....
Et à l'instant l'expert a procédé à l'examen du blessé et
a fait les constatations suivantes :.........*(constatations).*
Et il a signé.
Nous avons ensuite interrogé le blessé *(ou nous n'avons
pu interroger le blessé, parce que.........)*, qui nous a fait
la déclaration suivante...........*(déclaration).* Et il a
signé.

FORMULE N° 6

Commission à expert technique

Nous..........., Juge de Paix du canton de...........,
procédant en vertu des dispositions de la loi du 9 avril
1898 sur les accidents dans le travail,

Commettons M............. *(profession)*, demeurant
à............., pour, après avoir prêté entre nos mains
le serment prescrit par la loi, nous aider à la recherche
de la cause et des circonstances de l'accident survenu
à............, commune de............, et nous éclairer
sur le côté scientifique et professionnel de l'information.

(Et s'il en est besoin) ordonnons que M.............
formulera par écrit son avis sur............. *(indiquer
les questions spéciales)* et dressera un plan des lieux *(ou)*
fera le croquis de la machine... ....

Délivré à............, le............190...

Le Juge de Paix,

....

FORMULE N° 7

Commission rogatoire à Juge de Paix.

Nous, Juge de Paix du canton de............, attendu
que le sieur.......... a été blessé à......... *(lieu de
l'accident)*, le............ et transporté à.............
(mettre le nom de la maison, ou celui de la rue), prions
notre collègue du canton de.......... de se transporter
auprès du blessé afin de recueillir ses déclarations sur les
circonstances de l'accident, dont les suites probables, sui-
vant le certificat délivré par M............., docteur en
médecine à..... ...., paraissent devoir entraîner.....
..... ; l'enquête par nous commencée indique que l'accident paraît devoir être attribué à.......... *(causes)*. Et
de cette déposition il sera dressé procès-verbal que notre
collègue nous transmettra, ainsi que les noms des ayants-
droit.

(Date, signature.)

FORMULE N° 8

Procès-verbal sur Commission rogatoire

L'an... ..... le.....,à.. heure.. du..... Nous.....,
Juge de Paix du canton de........., assisté de Me.......,
greffier de cette Justice de Paix ;

Agissant en vertu de l'article 13 de la loi du 9 avril
1898 et d'une Commission rogatoire de M. le Juge de Paix
du canton de.......... en date du........, nous sommes

transporté à............ maison.........., où se trouve
le sieur..........., qui a été victime d'un accident
survenu le..........., à............ canton de.......
*(Si l'état du blessé réclamait la présence d'un médecin,
voir les formules nos 2 et 5).*

Et à l'instant, le blessé nous a fait la déclaration suivante :........ *(déclaration).* Le sieur.......... a ajouté
(ses observations sur l'enquête) et a demandé à ce qu'il soit
posé au sieur..........., demeurant à............, qui
était présent à l'accident.......... *(indiquer quelles sont
les questions à poser).*

L'état de la victime est bien tel *(ou s'il est différent,
indiquer en quoi)* que le certificat médical l'a constaté ;
le sieur.......... est........ *célibataire, marié (divorcé,
séparé), veuf, avec ou sans enfants, à la charge ou non de
ses parents. Donner les nom. âge de tous les ayants-droit).*
Il a été vaqué à ce que dessus de.. . heure à..... heure
(Signatures). Si l'ouvrier ne sait ou ne peut pas signer, le
mentionner.

FORMULE N° 9

Aggravation de l'état du blessé dont l'accident n'avait d'abord présenté qu'un cas d'incapacité temporaire

L'an...... ..., le............., à... heure du. ....
Nous..........., Juge de Paix du canton de...........
assisté de Me.........., greffier de cette Justice de Paix,
agissant en vertu des articles 12 et 13 de la loi du 9 avril
1898 ;

Avons procédé comme suit à l'enquête prescrite par les
articles précités à l'occasion de l'accident survenu le.....
(date, jour, heure) à *(lieu)* et dont a été victime..........
(nom, prénoms, âge, profession, domicile), lequel accident,
au moment où il est survenu, ne pouvait faire prévoir
qu'un cas d'incapacité temporaire, mais qui depuis a
présenté un caractère pouvant entraîner...............
ainsi qu'il appert de la copie de la déclaration, etc., etc.

Causes, nature et circonstances de l'accident

FORMULE N° 10

Pendant les heures de Travail

L'accident est survenu à..............., *(atelier ou autre lieu)* au moment du fonctionnement de l'industrie existant à cette heure et en ce lieu. La victime était occupée à............. *(Occupation de l'ouvrier, situation des lieux et croquis au besoin).* L'ouvrier était employé à ce travail par suite d'un contrat de louage à......... *(journée, heure, pièces, aux bénéfices, au marchandage, associé, métayer);* depuis *(temps qu'il est dans l'industrie).* Le blessé occupait la place qui lui était désignée par ses chefs. *(Description des causes et circonstances ; recherche des responsabilités).*

(Si l'ouvrier n'a commis aucune faute lourde et qu'on ne relève pas de fait intentionnel, continuer ainsi :)

L'accident est donc, de sa nature, industriel, se ratta-chant au travail personnel de la victime et survenu à l'occasion de son travail.

Le sieur.......... est *(s'il est célibataire, les noms et domicile des ayants droit, ascendants, leur âge, situation de fortune, occupations ; leurs autres enfants qui peuvent leur venir en aide, ou qui sont à leur charge. Dans les ascendants sont compris les marâtres et les beaux-pères).*

Si le blessé est célibataire, mais avec des descendants, pren-dre la date de naissance des enfants, leur nom et sexe, le nom de la mère si elle vit; dire si les enfants sont reconnus, adoptés.

Le sieur....... est marié *(nom, profession, âge, domi-cile du conjoint, date du mariage ; nombre d'enfants vivants, leur âge, sexe et profession s'ils en ont une.*

Si le blessé a été marié plusieurs fois : La victime, mariée actuellement à..........*(nom, etc.)* a.....enfants d'un premier lit, et...... enfants de sa femme survivante *(ou décédée à ....).* Les enfants du premier lit sont...... *(nom, etc.),* ceux du second........., etc.

(Si le blessé est divorcé, séparé, l'indiquer en donnant les renseignements sur les noms, âge, requis plus haut).

Si la victime est étrangère : Le blessé est de nationalité ...., il a *(ou il n'a pas)* fait la déclaration prescrite

par la loi. Originaire de......, il est domicilié à........
depuis........ Les seules personnes qui peuvent être
appelées à bénéficier de la loi étant celles qui, au moment
de l'accident, résident en France, nous nous sommes en-
quis de celles qui pouvaient être dans ce cas, et nous
avons fait comparaître les sieurs ou dames........ qui
nous ont été désignés. A ces personnes, il y a lieu d'ajou-
ter (*celles qui se trouveraient pendant l'enquête*) les premiers
seuls ayant été convoqués par lettres recommandées.
....

L'accident survenu devant entraîner une incapacité
permanente (*absolue ou partielle*), il convient de rechercher le salaire annuel de la victime, laquelle, avant l'accident, n'était atteinte d'aucune infirmité ancienne.

Si l'ouvrier travaille depuis plus de douze mois.

Pendant les douze mois qui ont précédé l'accident, l'ouvrier a gagné :

1° Pour son salaire à.......... .. (*journée, heure, etc.*)
en argent, la somme de...............;

2° Pour gratifications pour travaux supplémentaires
...............;

3° Primes...............;

4° Déplacements, étrennes, fournitures, loyers, etc.
...............;

5° Pour...............

L'ouvrier ayant chômé volontairement pendant.... ...
jours, il n'en a pas été tenu compte dans le calcul du salaire annuel (*ou*) l'ouvrier ayant chômé... ... jours pour
cause de (*maladie, service militaire, etc.*), il lui en a été
tenu compte dans le calcul de son salaire annuel, ainsi
que de la continuité (*ou discontinuité*) des travaux dans
l'usine.

M .... (*patron ou représentant*) nous a déclaré
allouer à titre provisoire et pendant une durée de........
....., une somme de. .... par jour, ainsi que le
paiement des frais médicaux et pharmaceutiques. Après
quoi, nous avons clôturé notre enquête et dressé le présent procès-verbal, que nous avons signé avec le Greffier
et qui restera déposé au greffe de notre Justice de Paix
pendant cinq jours pour, après ce délai, être transmis à
M. le Président du Tribunal de........ ...

De tout ce que dessus il a été vaqué de.......à ....

Fait à..........., jour, mois et an que dessus.

(*Signatures.*)

PROCÈS-VERBAL DE DÉPOT Nᵒ 11

Nous, Juge de Paix, certifions que le procès-verbal d'enquête ci-dessus est resté déposé au greffe de notre Justice
de Paix du............au............. Avis par lettres recommandées de la clôture de l'enquête et du dépôt du
procès-verbal au greffe a été donné à M................,
patron, et à M.............., ouvrier blessé.

(*Signature du Juge.*)

FORMULE Nᵒ 12

L'accident est survenu hors les heures de travail, hors le lieu du travail

L'accident a eu lieu à. ...., où le blessé n'était
nullement appelé par son travail (*dire pourquoi il se trouvait là*). Il rentre cependant dans ceux prévus par la loi,
comme industriels, la victime n'a pas été blessée dans son
travail, mais l'exercice de sa profession a été la cause de
sa présence dans l'établissement en ce moment, et l'accident est dû au fonctionnement de l'exploitation.

FORMULE Nᵒ 13

L'accident est survenu hors les heures du travail ; l'ouvrier, à qui il appartenait de démontrer que la cause est
inhérente au travail, a dit.......... (*résumer sa déposition*).
Si l'ouvrier n'a pas été entendu............, l'ouvrier à
qui il appartient de démontrer que la cause est inhérente
au travail, sera interrogé par nous au sujet de cette
preuve.

FORMULE Nᵒ 14

La victime est étrangère à l'exploitation

L'accident est survenu à.......... (*nom, prénoms, profession, âge, domicile*), appelé à l'usine en sa qualité de
.... (*profession*) pour faire une réparation com-
mandée par le patron de l'exploitation. Le blessé pourrait
avoir, contre les risques de son métier, la garantie légale
de son patron et la garantie du chef de l'établissement où

il travaillait momentanément ; il convient donc de calculer, etc.

FORMULE N° 15

Cause étrangère

L'accident n'est pas survenu dans l'atelier où était habituellement occupée la victime ; mais celle-ci se trouvait à l'endroit où il a été blessé, sur l'ordre de son patron et pour un service commandé, puisque.........(*dire quels sont les ordres reçus*).

FORMULE N° 16

Cause inconnue

La cause de cet accident reste inconnue ; mais, comme l'ouvrier a été blessé pendant son travail, il a droit à l'indemnité, celle-ci ne pouvant lui être refusée que si l'accident était dû à une cause étrangère au travail ou provoquée intentionnellement par la victime.

FORMULE N° 17

Accident pendant une interruption de travail

L'accident a eu lieu pendant une suspension de travail de........... ; cette suspension ne permettait pas à l'ouvrier, vu son peu de durée, de quitter son chantier, qu'il n'a pas abandonné. Il n'a donc pas cessé d'être sous la surveillance du chef de l'entreprise, et les droits et obligations restent les mêmes que pendant le travail proprement dit. (*Si l'ouvrier a quitté l'usine ou le chantier pour une affaire personnelle, le bénéfice de la suspension peut lui être refusé*).

FORMULE N° 18

Délit ou crime

De notre enquête, des témoignages reçus, il ressort que la cause de l'accident est due à un acte dont la répression doit être poursuivie au criminel. Mais, pour vêtir les dispositions de la loi, nous devons cependant rechercher les ayants-droit et calculer le salaire quotidien et annuel de

la victime, deux points absolument en dehors de l'action
publique.

FORMULE N° 19

Salaire annuel supérieur à 2,400 fr.

Il ressort des déclarations reçues que la victime tou-
chait un salaire annuel supérieur à 2,400 fr. ; il bénéficie
de la loi jusqu'à concurrence de cette somme, mais il peut
aussi invoquer pour le surplus les dispositions de l'article 3 ; il convient donc de calculer la valeur de ce
salaire annuel.

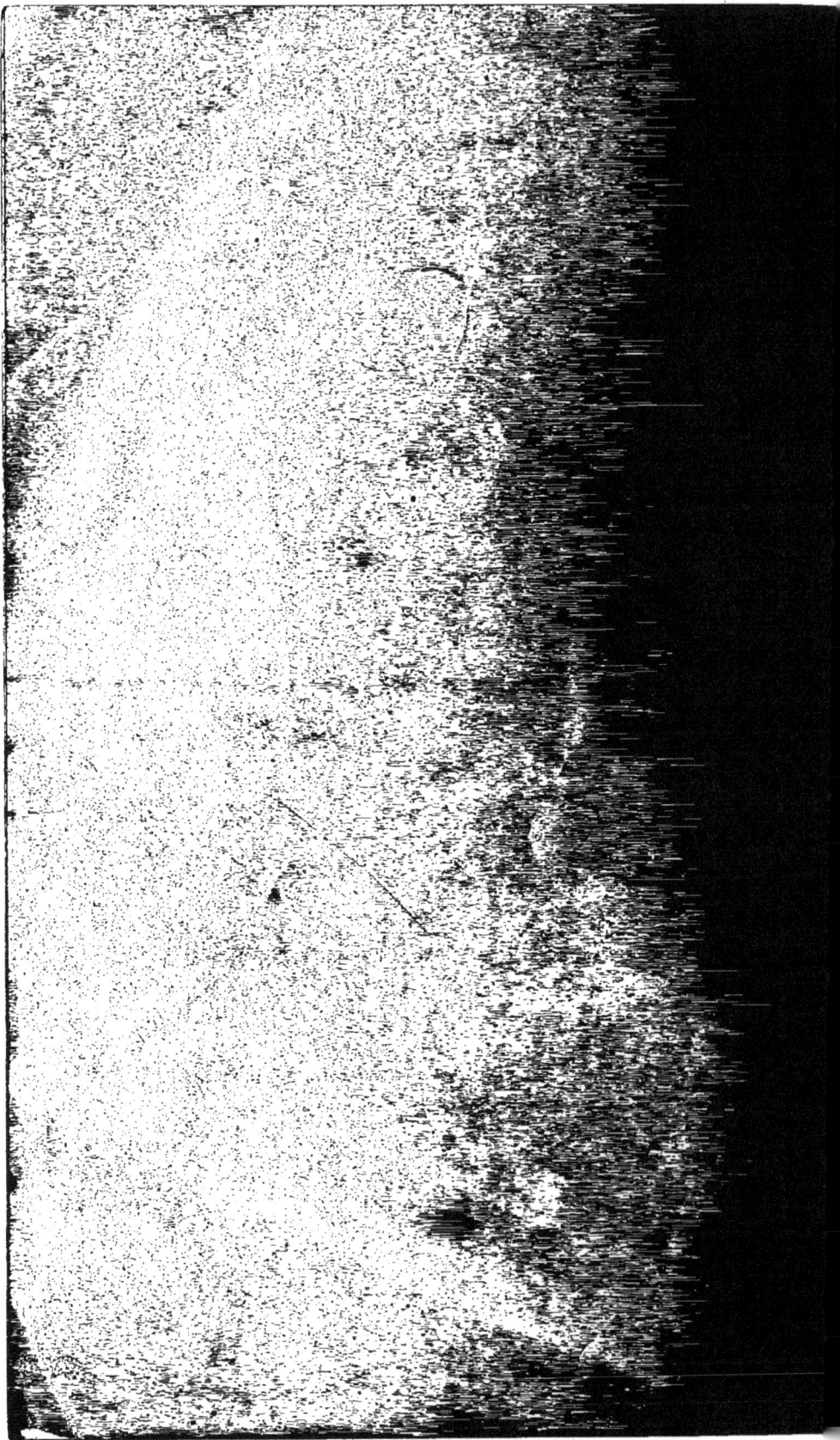

www.ingramcontent.com/pod-product-compliance
Lightning Source LLC
Chambersburg PA
CBHW050458210326
41520CB00019B/6260